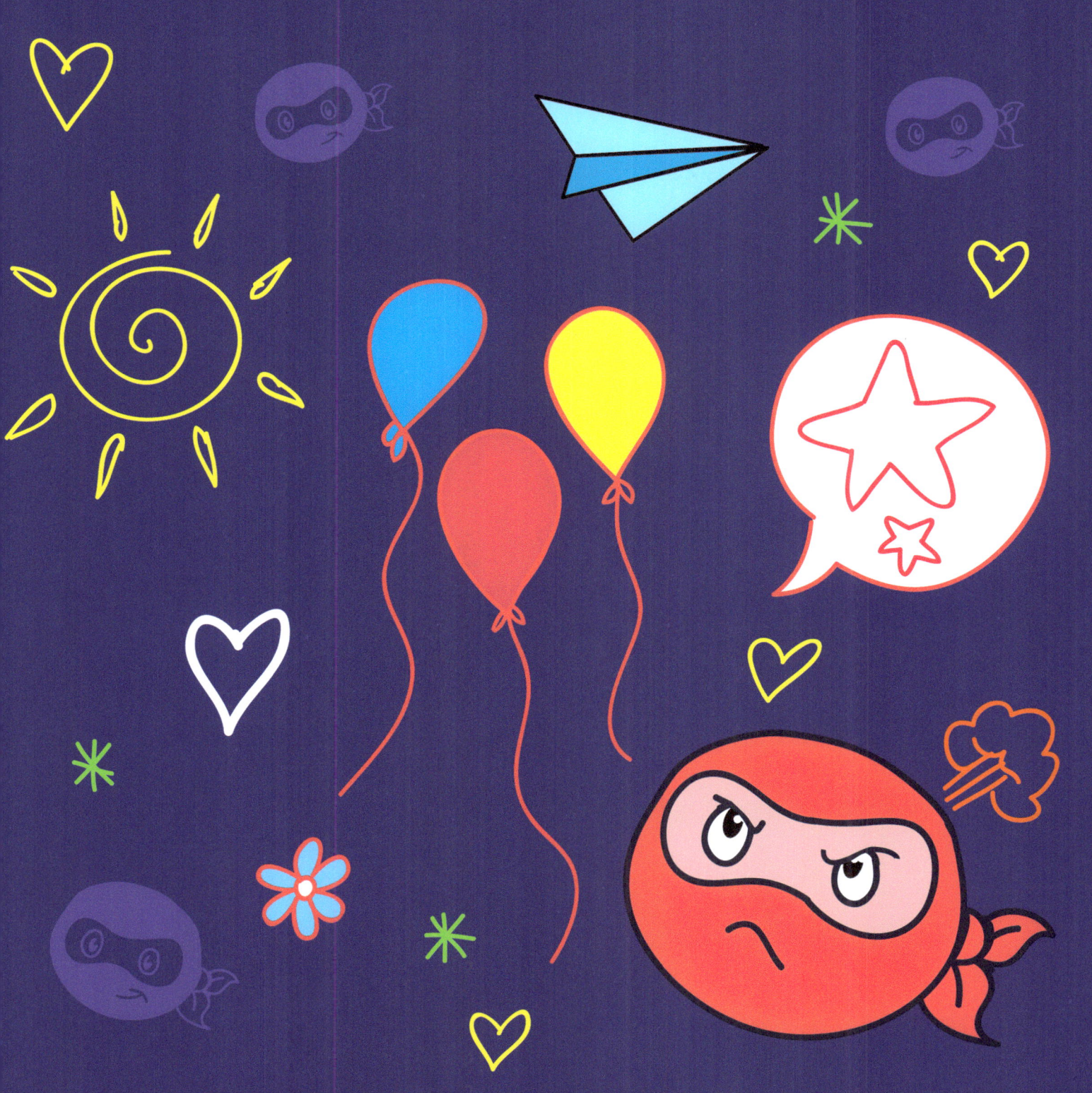

Este libro está dedicado a mis hijos - Mikey, Kobe, y Jojo.
Discúlpenme por lo que dije cuando estaba hangry.

Copyright © 2021 Grow Grit Press LLC. Todos los derechos reservados. Ninguna parte de este libro puede ser reproducida en ninguna forma sin el permiso por escrito de la editorial. Por favor, envie solicitudes de pedido al por mayor a info@ninjalifehacks.tv 978-1-63731-681-8 Impreso y encuadernado en los Estados Unidos. NinjaLifeHacks.tv

Ninja Life Hacks™

La Ninja Hambrienta

Por Mary Nhin

Estaba agradecida de que el Ninja Enojado me hubiera enseñado una estrategia útil para controlar mi ira.

El problema era que experimentaba la ira más a menudo de lo que me gustaba.

Por ejemplo, cuando no había desayunado, les gritaba a mis familiares por las cosas más pequeñas.

Después de la escuela, mi mecha era más corta de lo normal, y explotaría si las cosas no fueran de cierta manera.

Justo antes de la cena, discutía con mis hermanos y acababa teniendo una crisis.

Me enojaba mucho.

Ahora quiero compartir contigo otra emoción que experimentamos – HANGER.

Experimentamos el hanger cuando estamos hambrientos y enojados al mismo tiempo. Cuando no comemos en intervalos regulares, nuestra azúcar en la sangre baja.

Algunos buenos ejemplos de refrigerios o comidas incluyen:

- sopa de vegetales
- hummus y zanahorias con piñones y pan de pita
- arroz, pollo y brócoli
- bistec, papas y zanahorias
- licuado de mantequilla de maní, remolacha y fresa

Versión modificada (cuando los vegetales no están disponibles)

Regla 3 + 3

Come 3 grupos de alimentos cada 3 horas.
Proteínas
Carbohidratos
Grasas

Al día siguiente, estaba haciendo volteretas en la sala con mi hermano. Cuando accidentalmente me golpeó con los pies mientras hacía una voltereta, sentí que mis músculos se tensaban, mis ojos se hinchaban y mi respiración se volvía más pesada.

¿Y sabes que ocurrió después?

Me dije "respira".
Luego tomé tres respiraciones profundas y conté hasta diez.

Mientras contaba, recordé que la última vez que comí fue a las 11 a.m. Miré el reloj.

Comí hace tres horas. La estrategia 4+3 dice que debemos comer 4 grupos de alimentos cada 3 horas. Así que déjame intentarlo, pensé.

¿Crees que la estrategia funcionó?

¡Sí funcionó!

Mi hermano y yo resolvimos nuestro conflicto con un sándwich de tocino, huevo, tomate y aguacate que dividimos por la mitad.

El recordar la regla 4+3 podría ser tu arma secreta contra el hanger.

Te quiero mucho, chiquito.

Yo también te quiero. Aunque seas mala conmigo a veces.

¡Visita ninjalifehacks.tv para obtener imprimibles divertidos gratis!

@marynhin   @officialninjalifehacks
#NinjaLifeHacks

Mary Nhin   Ninja Life Hacks

Ninja Life Hacks

@officialninjalifehacks

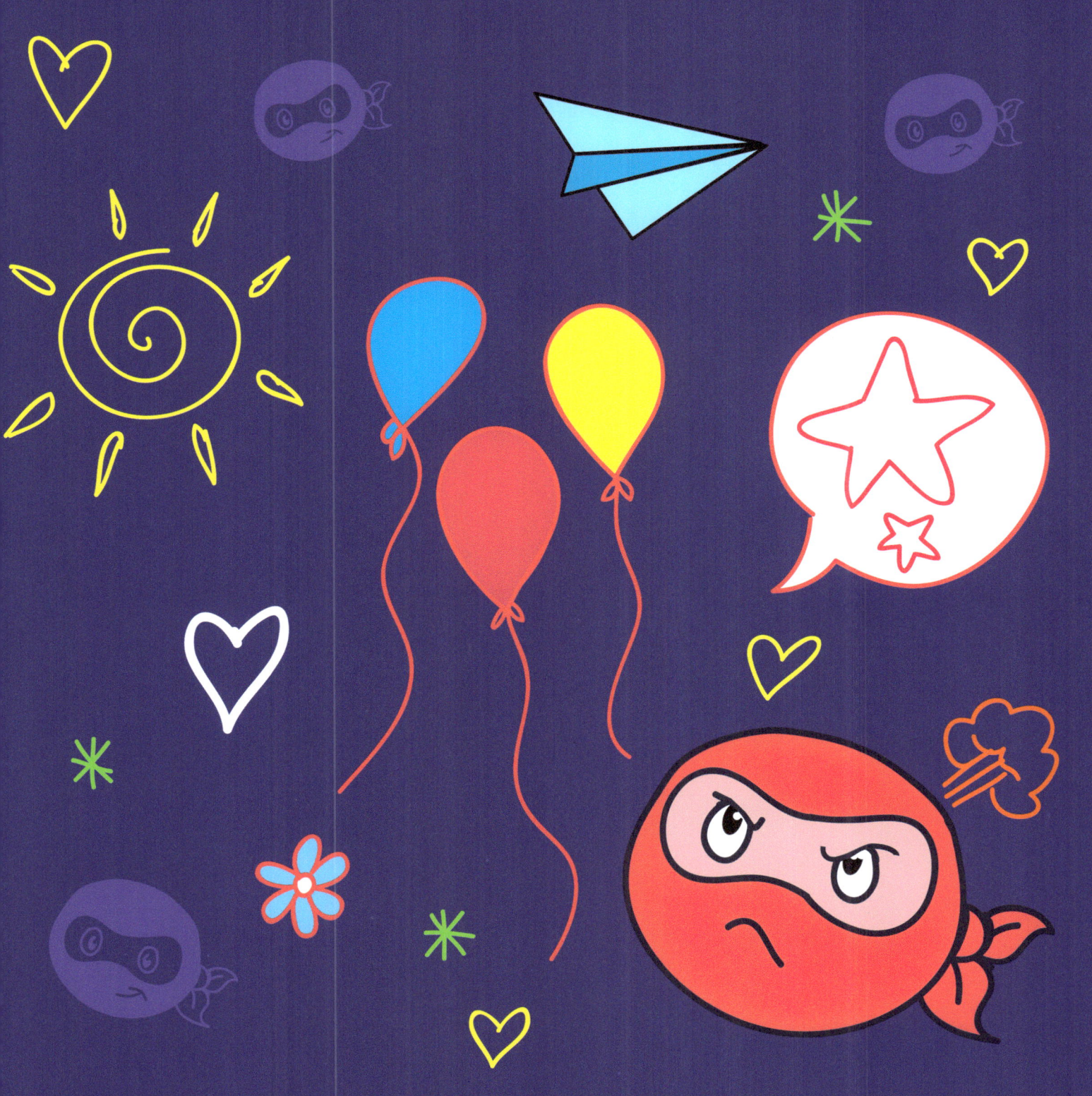

www.ingramcontent.com/pod-product-compliance
Lightning Source LLC
Chambersburg PA
CBHW041107070526
44583CB00002B/102